BARREAU DE POITIERS

ÉLOGE
DE MM.

JEAN-RENÉ ORILLARD
ANCIEN BATONNIER DE L'ORDRE

ET

FERNAND BONCENNE
AVOCAT STAGIAIRE

DISCOURS
PRONONCÉ
A LA SÉANCE SOLENNELLE DE RENTRÉE DE LA CONFÉRENCE
DES AVOCATS STAGIAIRES

Le 13 janvier 1877

PAR

René BERNARDEAU
Avocat, Secrétaire de la Conférence, Docteur en droit.

POITIERS
TYPOGRAPHIE DE A. DUPRÉ
RUE DE LA PRÉFECTURE

1877

IMPRIMÉ AUX FRAIS DE L'ORDRE, PAR DÉCISION DU CONSEIL.

Le samedi 13 janvier 1877, à deux heures, l'Ordre des avocats à la Cour d'appel de Poitiers s'est réuni en robes, dans la salle d'audience de la première chambre de la Cour, pour l'ouverture de la Conférence des avocats stagiaires.

Étaient présents : M. Th. Ducrocq, bâtonnier, chevalier de la Légion-d'Honneur, président l'assemblée ; MM. Levieil de la Marsonnière, officier de la Légion-d'Honneur, Ernoul, Arnault de la Ménardière, membres du Conseil de l'Ordre ; MM. Parenteau-Dubeugnon, Gassan, Druet, Pierron, Broussard, Pichot, Dupré, Courbe, Valois et Garçon, avocats inscrits au tableau de l'Ordre.

La barre était occupée par MM. les avocats stagiaires.

M. le Bâtonnier a ouvert la séance et donné successivement la parole à MM. Barrilleau et Bernardeau, avocats stagiaires, chargés de prononcer les discours de rentrée de la Conférence.

M. Barrilleau lit un discours sur le *Barreau de l'ancien Présidial de Poitiers, depuis l'édit de création de Henri II de janvier* 1551 *jusqu'à l'ordonnance royale du* 8 *mai* 1788.

M. Bernardeau prononce ensuite l'éloge des avocats morts dans le cours de la précédente année : *MM. Jean-René Orillard, ancien bâtonnier de l'Ordre, chevalier de la Légion-d'Honneur,* et *Fernand Boncenne, avocat stagiaire.*

Après ces deux discours, M. le Bâtonnier consulte le Conseil de l'Ordre, qui, suivant l'usage, ordonne leur impression aux frais de l'Ordre.

M. le Bâtonnier, président, rappelle en outre que le Conseil de l'Ordre a nommé secrétaires de la Conférence des avocats stagiaires pour l'année 1877 : MM. Barrilleau, Volf, Guillaume de Rochebrune et Bernardeau.

Il règle le service de la Conférence pour les séances ultérieures, fixées, suivant la coutume, au samedi de chaque semaine, à deux heures précises.

Il déclare ensuite la séance levée.

Poitiers, les jour, mois et an que dessus.

ÉLOGE

DE MM.

JEAN-RENÉ ORILLARD

ANCIEN BATONNIER DE L'ORDRE

ET

FERNAND BONCENNE

AVOCAT STAGIAIRE.

Monsieur le Batonnier,

Messieurs,

S'il est une tradition dont la pieuse observance honore les corporations aussi bien que les individus et les peuples, c'est assurément celle qui les invite à rechercher dans de périodiques entretiens les mérites de leurs chers défunts, c'est celle qui, devancière de l'immortalité promise, réunit à certaines heures les vivants et les morts dans une fraternelle communauté de pensée, en proposant à ceux qui luttent encore les exemples de ceux qui se sont récemment endormis du sommeil dernier. C'est alors, en effet, mais alors seulement, que l'opinion peut se prononcer avec quelque espérance d'exactitude, et que les contemporains peuvent, sans présomption trop blâmable, citer leurs confrères à la barre de leurs appréciations. Comme les obscures vapeurs du matin sont impuissantes à supporter la radieuse présence du soleil, de même les passions de l'homme, ces brouillards de l'intelligence et du cœur, ne résistent pas à la solennité de la mort, et se dissipent sous l'influence de sa majesté. Aussi, les jugements humains, rendus libres par la bienfaisante disparition de ces miasmes moraux, s'abattent-ils sur la pierre des sépulcres, comme la feuille jaunie de l'automne sur la mousse des vieux bois. Sans doute, Messieurs, il se faut garder de ces appréciations prématurées qui se pressent trop nombreuses au lendemain du trépas; mais il est bon, je le répète, il est fructueux pour les survivants de recueillir les vertus et les talents de ceux qui leur ont été ravis, avant que le temps, cet inexorable destructeur des plus grandes choses, ait affaibli dans les âmes les souvenirs et les affections. Quel noble sentiment d'ailleurs que le culte des morts, quelle religion féconde en admirables résultats ! Ne vous souvient-il pas qu'au sortir des banquets, les héros de la vieille Rome, pour renouveler en eux cette énergie et cette puissance de volonté qu'ils craignaient de voir sombrer dans la mollesse et dans les délices de la table, demandaient aux chants des poètes le récit des exploits qui avaient illustré leurs aïeux ? Ce culte traditionnel s'élargissant avec les âges, était sorti de la famille pour devenir national; transformé en institution patriotique, il avait proposé des dieux même au berceau du pays et cette exagération du respect et de l'amour des morts a trempé ces caractères sublimes que l'histoire ose à peine admirer.

En même temps qu'elle est celle des hommes et des peuples d'élite, cette pratique est celle de toutes les grandes corporations. Les Barreaux la conservent avec une véritable piété, et je ne connais rien de plus touchant que cette religieuse coutume d'ouvrir les travaux du stage par l'éloge de ceux qui nous ont été enlevés pendant l'année judiciaire, et de les appeler en quelque sorte à couvrir de leur mémoire respectée les premiers essais des jeunes orateurs qui vont débuter à la barre. Il y a là tout ensemble un espoir et une consolation, un hommage aux talents et aux vertus d'un confrère, un lien d'amour entre ceux qui restent et ceux qui sont partis ; il y a là encore et surtout des exemples à recueillir et à imiter. Heureux quand à la reprise des conférences nous n'avons pas à remplir ce funèbre devoir, et quand nous retrouvons sur ces bancs tous ceux qui à l'ouverture dernière figuraient sur notre liste ! Mais, vous ne l'ignorez pas, il est assez rare que ce bonheur nous soit concédé et, dans un Ordre aussi nombreux que le nôtre, il serait téméraire d'y compter trop sérieusement. Hélas ! nous n'avons pas à ranger parmi ces années privilégiées celle que nous venons de parcourir, et vous savez que deux pertes encore récentes l'ont cruellement affligée et qu'elle a laissé à notre imitation et à nos regrets deux exemples également saisissants et instructifs, bien qu'à des titres profondément divers.

J'aurais désiré, Messieurs, qu'une voix plus autorisée, qu'une parole plus expérimentée que la mienne, vous retraçât les grandes lignes de ces deux existences et proposât à vos méditations les fortes leçons qu'elles nous ont léguées par delà le champ du repos. Mais, puisque la sympathique indulgence de vos élus m'a confié cette délicate mission, je ne puis que m'incliner devant une décision qui m'honore, et, si la tâche excède l'insuffisance de mes forces, vos souvenirs et vos intelligences voudront bien suppléer aux lacunes et aux nombreuses imperfections de mon modeste travail.

Jusqu'à ses derniers jours, l'année judiciaire avait été clémente pour l'Ordre des avocats ; déjà elle touchait à son terme et aucun vide n'avait encore éclairci nos rangs, lorsque l'un des vétérans de cette barre fut enlevé aux pieux soins et à l'affection d'une famille dévouée. Membre de ce Barreau depuis bientôt un demi siècle, M. Jean-René Orillard succombait vers la fin de juillet aux longues souffrances qui avaient éprouvé sa vieillesse. Bien que la maladie l'eût arraché depuis quelque temps aux occupations du Palais, sa féconde carrière avait laissé une impression si vivace, que tout l'Ordre des avocats en ressentit une pénible émotion, dont M. le Bâtonnier, à la tête du conseil de l'Ordre et de l'Ordre entier assistant en robes aux obsèques de M. Orillard, s'est fait l'interprète autorisé (1); le premier administrateur du département et le conseil de préfecture, auquel avait également appartenu le défunt, lui faisaient aussi cortége, ainsi que des magistrats, des fonctionnaires, des clients, des amis. C'était pour les uns un précieux collaborateur, pour les autres un infatigable défenseur de leurs plus chers intérêts, pour tous un homme d'honneur et de talent qu'un arrêt de la mort venait d'enlever à leur estime ou à leur affection.

M. Jean-René Orillard appartenait au Poitou ; il était né à Poitiers, le 5 octobre 1807. Sa province natale lui avait départi avec une abondante largesse les qualités qui distinguent ses enfants, une admirable patience de travail, une grande activité intellectuelle, un esprit éminemment pratique. Il eut la bonne fortune de passer sa première enfance dans un centre qui développa promptement ses heureuses dispositions judiciaires. Grâce à la sollicitude et à l'initiation paternelles, ses aptitudes juridiques rencontrèrent, dès leur éveil, un précieux point d'appui dans le milieu où devait grandir le futur avocat, et sa précoce intelligence put se façonner rapidement au mécanisme des affaires contentieuses. Ces circonstances favorables aidèrent puissamment ses débuts, et lui épargnèrent les incertitudes toujours pénibles d'une vocation incomprise ou combattue. Sur les bancs de l'école, elles le poursuivirent de leur salutaire influence et contribuèrent à le doter de cette persévérante énergie, de ce travail opiniâtre et soutenu qui ne devait plus l'abandonner jamais et qui bientôt allait faire le secret de sa force.

Avec quelle généreuse impatience il aspirait au jour où il en finirait avec ces études préliminaires, où il entrerait dans la phase plus immédiate de sa formation professionnelle, où il en arriverait à la méditation laborieuse de nos

(1) Discours de M. Ducrocq, bâtonnier de l'Ordre, reproduit dans les journaux de Poitiers du 24 juillet 1876.

lois ! Il lui tardait de lire dans ce grand livre de la législation qu'il avait feuilleté en même temps que l'alphabet maternel et dont les attraits s'étaient imposés à ses inclinations natives, comme les profondeurs du ciel bleu à l'instinct et au premier vol du jeune oiseau. Ces impressions de l'enfance grandirent et se fortifièrent ; elles devinrent chez l'étudiant une vive curiosité des difficultés juridiques et un sincère amour du droit. Mais ce n'était point dans les théories de l'école, ce n'était point dans les disputes scientifiques d'interprétation que le talent de M. Orillard devait se révéler. La nature de son esprit si pratique le portait moins à fixer par de patientes recherches le sens de nos monuments législatifs qu'à les appliquer aux formes multiples sous lesquelles se présentent nos rivalités d'intérêt. Aussi n'aborda-t-il son véritable terrain que lorsqu'en 1830 il se fit inscrire comme avocat stagiaire au Barreau de la Cour d'appel de Poitiers.

Préparé par la précoce habitude des affaires, servi surtout par de réelles dispositions pour un travail incessant et varié, il affronta sous d'excellents auspices les luttes judiciaires, et ses débuts à la barre furent heureux et faciles. La clientèle ne tarda guère à frapper à sa porte ; sous l'influence de ses premiers succès, il la vit se grossir rapidement et bientôt elle prit les plus honorables proportions. En quelques années, M. Orillard était devenu l'un des avocats les plus occupés au Palais. Dès lors, il se consacre avec une activité dévouée au service de ses nombreux clients ; ceux-ci comprennent de suite tout ce qu'il y a de généreusement laborieux dans leur défenseur et s'attachent à lui pour ne l'abandonner jamais. On dit que la faveur a le tort d'être inconstante ; on dit encore, dans un langage à la fois pittoresque et vulgaire, qu'en ce siècle tourmenté les hommes s'usent vite. M. Orillard eut le privilége de ne pas connaître ces défaillances de la fortune : durant tout le cours de sa longue carrière, il conserva sensiblement le même chiffre d'affaires annuelles.

Ses confrères appréciaient son mérite ; la situation qu'il avait su conquérir à la barre le désignait pour les distinctions dont leurs suffrages pouvaient disposer. Ils en usèrent largement à son endroit ; je pourrais même dire, sans me plaindre d'une libéralité si dignement placée, qu'ils les lui prodiguèrent. Près de trente fois, M. Orillard, dans ce Barreau qui compte tant d'illustrations et de talents, fut élu membre du Conseil de l'Ordre. Juste récompense des services que rendait à tous son infatigable activité, du dévouement si connu qu'il apportait dans l'exercice de sa profession ! Ses confrères voulurent faire plus encore : en 1865 et en 1866, ils lui conférèrent la dignité suprême du bâtonnat. M. Orillard eut ainsi l'honneur d'avoir le premier rang parmi ces jurisconsultes et ces orateurs qui rehaussent si puissamment l'éclat de la Cour d'appel de Poitiers.

D'autres témoignages de sympathique estime étaient venus déjà l'encourager et le soutenir. Il avait été appelé aux fonctions de membre du bureau d'assistance judiciaire, et, de 1841 à 1848, il avait siégé au Conseil municipal de Poitiers. C'était même son nom qui avait réuni dans l'urne électorale le plus grand nombre de suffrages ; comme tel, il avait dû être inscrit en tête de la liste du Conseil, et, en cette qualité de premier conseiller inscrit, il avait quelque temps occupé le poste d'adjoint provisoire de la ville.

Il était dans la plénitude de son talent et dans toute la force de l'âge lorsqu'il lui fut offert une situation importante dans l'ordre de la magistrature judiciaire. L'offre était séduisante et flatteuse. Mais, en l'acceptant, il lui fallait déserter ces luttes de la barre si attrayantes pour son intelligence active, renoncer à cette nombreuse clientèle dont il était si fidèlement aimé, rompre avec ces habitudes d'avocat qui lui étaient si chères Le sacrifice ne lui fut pas possible ; il refusa.

. Mais son incontestable mérite avait attiré l'attention d'en haut ; à quelque temps de là, le pouvoir revenait à la charge et lui proposait un dédommagement ; il le nommait conseiller de préfecture du département de la Vienne. Cette fois, le gouvernement fut plus heureux. Comme l'exposait M. le Bâtonnier dans ses adieux funèbres, avec l'autorité qui s'attache à sa parole, les fonctions de conseiller de préfecture n'étaient pas alors incompatibles avec l'exercice de la profession d'avocat. Dès lors qu'elles ne l'écartaient pas du Palais, M. Orillard n'avait aucune raison de les repousser ; il les accepta, et pendant vingt-deux ans, jusqu'en 1870, ses confrères ont pu le voir partager ses instants et ses travaux entre l'étude des procès judiciaires, comme défenseur, et celle des procès administratifs, comme juge.

Plus tard, lorsqu'à la date du 21 juin 1865, une loi vint réorganiser les Conseils de préfecture et déclarer les fonctions de conseiller incompatibles avec un autre emploi public ou l'exercice d'une profession, M. le Bâtonnier vous disait encore que le législateur avait eu l'excellente pensée de respecter les situations acquises et de ne pas atteindre rétroactivement ceux qui appartenaient au Barreau en même temps qu'ils étaient revêtus de ces fonctions. C'est ainsi que, malgré les prohibitions de la législation en vigueur, notre regretté défunt nous a donné jusque dans une vieillesse avancée l'exemple d'une dualité de position que désormais nous ne verrons plus se produire.

La loi du 21 juin 1865 a même été pour lui l'occasion d'une dignité nouvelle. Vous savez, en effet, Messieurs, que cette loi organisait définitivement la vice-présidence des Conseils de préfecture, et M. Orillard, en exécution de ces dispositions légales, fut nommé vice-président du Conseil de préfecture de la Vienne. C'est que là, comme au Palais, il avait conquis la plus élogieuse des réputations, et la situation qu'il s'était faite dans l'administration départementale le désignait d'avance pour cette distinction flatteuse. Aussi fut-il fréquemment appelé par la suite à remplir les fonctions intérimaires de sous-intendant militaire et de préfet.

Vous admirez, Messieurs, n'est-il pas vrai, cet utile emploi d'une existence si occupée, dont il semble bien que tous les instants aient été absorbés par les plaidoieries judiciaires et le soin de la justice administrative. Et cependant, en dehors de cette double audience et de sa consciencieuse préparation, votre confrère trouvait encore le temps d'écrire et de publier.

Indépendamment de plusieurs monographies et mémoires sur lesquels je me propose de revenir bientôt, deux de ses publications méritent d'arrêter quelques instants notre attention, ce sont : le *Traité de la juridiction commerciale* et le *Code des Conseils de préfecture*.

Le *Traité de la juridiction commerciale* parut en 1841. L'auteur avait toujours eu quelque prédilection pour les questions commerciales. C'étaient elles qui, les premières, s'étaient présentées aux efforts de sa jeune intelligence ; c'étaient des affaires de commerce qu'il avait maniées tout enfant. En publiant le traité dont il s'agit, M. Orillard n'a fait que céder à un mouvement bien naturel, à une sorte de penchant intellectuel qu'il a conservé durant toute sa vie. Dans cette étude qui constitue un véritable ouvrage, il a, comme toujours, été guidé par un but éminemment pratique. Il a su mettre à profit les judicieuses remarques de sa profession et de son habitude des causes commerciales. Il a soigneusement consigné les opinions reçues de la jurisprudence et a méthodiquement groupé ses matières, afin de faciliter les recherches des plaideurs ou des hommes de loi. Mais son travail n'est pas seulement celui d'un praticien, il y a aussi la part du légiste qui, au besoin, élargit ses horizons pour embrasser l'esprit du législateur et même apprécier la valeur de son œuvre. C'est ainsi, par exemple, que son tableau historique des juridictions consulaires est tracé avec une netteté que ne désavoueraient pas les maîtres de la science.

Plus tard, M. René Orillard apporta de notables modifications à cet ouvrage, et le titre sous lequel il avait paru lui sembla dès lors manquer d'exactitude. Il lui donna l'intitulé plus heureux de *Traité de la compétence et de la procédure des tribunaux de commerce;* ses éditions ultérieures l'ont toujours gardé.

Son *Code des Conseils de préfecture* est la dernière de ses publications. Bien placé par ses fonctions pour aborder avec autorité un travail de ce genre, il lui a prodigué ses meilleurs soins et n'a rien épargné pour en faire ce qu'il est aujourd'hui : un de ces livres de sérieuse préparation qui survivent à leurs auteurs.

Vous savez, Messieurs, qu'à l'inverse des autres branches du droit français, nos lois administratives n'ont pas été codifiées par le législateur qui les a toujours laissées éparses dans l'assemblage de nos monuments juridiques : vous savez aussi que le contentieux de l'administration, quelque autorité que l'on considère comme la juridiction de droit commun, ressortit très-généralement dans la pratique aux Conseils de préfecture. Rechercher patiemment, dans la masse où elles sont comme perdues, celles de nos dispositions légales que ces Conseils doivent appliquer, puis les grouper en un volume qui supplée à l'insuffisance des opérations législatives et qui aplanisse enfin les difficultés sans nombre de cette situation confuse, n'était-ce pas entreprendre une tâche utile entre toutes et rendre à la justice administrative le plus signalé des services? C'est là ce que se proposait M. Orillard et j'ajouterai, à la suite de critiques plus compétents et plus sûrs, qu'il a très-heureusement atteint son but. Pour obtenir ce précieux résultat, il fallait une remarquable énergie de volonté, une puissance de travail peu commune, une patience à toute épreuve ; il fallait aussi un véritable dévouement. Oui, je le répète, il fallait du dévouement, parce qu'il ne s'agissait point de se livrer à l'un de ces ouvrages dont la composition séduisante entraîne l'écrivain, et dont les charmes le soutiennent à travers les obstacles, au milieu du dégoût, en dépit des fatigues, parce qu'il ne s'agissait même pas de léguer à la postérité un de ces livres dont la lecture n'est déjà plus attrayante, mais qui, du moins, appartenant dans leur intégralité à leurs auteurs, sollicitent leur amour, comme le fils l'affection de son père, et qui, partant, adoucissent avec une consolante efficacité les amertumes d'un labeur assidu : quand on aime, a-t-on dit avec grande vérité, tout est léger et facile. Ce qu'avait entrepris notre regretté confrère, ce n'était rien de semblable : c'était une compilation, une compilation intelligente et savante sans doute, mais une compilation, et ce mot que je ne crains pas de prononcer hautement, ce mot que ne désavouerait pas M. Orillard et qui blesse seulement les ignorants et les prétentieux, ce mot exprime bien la décourageante austérité de cette besogne. Etre utile à une administration dont il était membre, voilà tout ce que vraisemblablement espérait l'auteur; mais entourer son nom d'une élogieuse auréole et le faire ainsi apprécier même de ses contemporains et de ses collègues, il n'y pouvait guère songer sérieusement : les hommes et les choses utiles sont trop souvent si méconnus et toujours si peu fêtés !

Cependant, Messieurs, comme il n'est point de règles sans exception, cet accueil qui semble exclusivement réservé aux productions d'un autre ordre, cette notoriété que le patient travailleur n'avait point ambitionnée vinrent le récompenser avec une étonnante rapidité de ses soins et de sa longue étude. Je ne crois rien exagérer en disant que le *Code des Conseils de préfecture* eut dans le monde des affaires, et même dans le monde juridique, un sérieux succès. On sentit de suite qu'il comblait une lacune profonde; on comprit tout le mérite de l'auteur; la presse quotidienne et les revues furent unanimes sur son compte et firent de lui le meilleur éloge. Déjà, en 1866, M. le Bâtonnier lui consacrait un long article, publié dans la *Revue critique de législation et de jurisprudence* (1), particulière-

---

(1) Tome 29, Année 1866, p. 360 ; *De la vulgarisation des textes du*

ment favorable, et les connaissances spéciales du critique ajoutaient encore à ce qu'il y avait de flatteur dans cette appréciation. Beaucoup parmi ses collègues de l'administration joignirent leurs félicitations à celles du professeur et de l'avocat : l'un d'eux, M. Drouet, vice-président du Conseil de préfecture des Ardennes, appartenant ainsi à une région trop éloignée pour que les relations ou l'amour-propre local puissent faire suspecter sa plume de partialité, écrivait dans un article de bibliographie : « Si nous ouvrons volontiers nos bibliothèques aux auteurs qui, profitant des travaux de leurs devanciers, développent et complètent un sujet obscur ou aride, nous devons une attention particulière aux œuvres des hommes patients et laborieux qui ne craignent pas de frayer une route nouvelle et éditent en temps opportun des livres destinés à servir de guide à un corps nombreux de fonctionnaires et de jurisconsultes. Tel est le cas du *Code annoté des Conseils de préfecture,* œuvre, nous en convenons, de compilation, mais compilation intelligente, savamment coordonnée et surtout éminemment pratique et utile. Personne jusqu'à présent n'avait songé à réunir en une sorte de *corpus juris* les diverses lois, décrets, réglements et ordonnances dont les Conseils de préfecture sont appelés à faire l'application. M. Orillard, à qui une longue expérience administrative et une pratique déjà ancienne du Barreau rendaient la tâche plus facile, a eu cette excellente idée. Nous l'en félicitons et tous les membres de l'administration lui en sauront gré. » Après avoir sommairement analysé l'ouvrage, M. Drouet terminait, en résumant, ses impressions : « M. Orillard, disait-il, a parfaitement atteint son but. L'opportunité du *Code des Conseils de préfecture* sera souverainement appréciée, non-seulement par les magistrats auxquels il s'adresse plus spécialement, mais encore par les

---

droit administratif; Compte-rendu du Code des Conseils de préfecture délibérant au contentieux, de M. *Orillard, par* M. Th. *Ducrocq.*

préfets investis de la présidence des Conseils, par les sous-préfets et les maires appelés à formuler un avis dans la plupart des affaires contentieuses, et enfin par les membres du Barreau auxquels incombe la délicate mission d'étudier les lois et d'en provoquer devant toutes les juridictions la stricte et juste application. »

Je ne saurais rien ajouter à cette appréciation si complète, à cet éloge à la fois impartial et sans réserve.

Vous parlerai-je encore, Messieurs, de ces monographies diverses dont M. Orillard prenait soin d'occuper ses loisirs ? Je crains d'abuser de ce bienveillant auditoire ; mais il faut nécessairement que je vous entretienne à la hâte des plus intéressantes.

M. le baron de Damas avait fondé, en 1860, un prix de 500 francs pour la meilleure étude sur l'état actuel d'une famille française, et il avait confié à la Société d'économie sociale la mission de juger les mémoires présentés au concours de 1861. Ce concours ne donna point de résultat : bien que quatorze concurrents eussent abordé le travail, aucun n'avait rempli les vraies conditions du programme. C'est alors que le baron de Damas et la Société d'économie sociale, pour faciliter la tâche des candidats et les exciter en même temps à de plus heureux efforts, élevèrent à 1,500 francs la valeur du prix pour l'année suivante et décidèrent que la question serait restreinte à la classe des paysans, c'est-à-dire de ces petits propriétaires agriculteurs qui ne sont point obligés de travailler chez autrui en qualité de salariés, qui emploient toute leur famille et qui dépensent tout leur temps à l'administration de leurs propres domaines. Cette restriction avait cela d'éminemment rationnel qu'elle écartait de l'étude proposée tous les éléments étrangers à la tradition nationale qui, importés par l'oisiveté ou par les raffinements de la civilisation, se trouvent en proportions importantes dans le *modus vivendi* plus artificiel et plus instable des classes riches ou des populations urbaines. Dans ce travail, il s'agissait pour chaque concurrent de mettre à profit ses connaissances pratiques et de grouper avec méthode les observations d'une expérience habilement raisonnée. Aussi le projet fixa-t-il à première lecture l'attention de M. Orillard. En conformité de ce programme, il écrivit l'*Histoire du paysan du Poitou*, dont le type, réellement existant, avait été pris par l'auteur dans le canton de Neuville. Cette consciencieuse monographie obtint le premier prix pour l'année 1862. C'est une étude admirablement complète d'une famille de cultivateurs poitevins. Le lauréat n'a rien oublié, rien négligé : le tempérament, les habitudes religieuses et morales, les occupations, le degré d'instruction et d'intelligence, les distractions, tout, jusqu'au costume, y est minutieusement décrit. Rien n'est plus curieux, disons-même plus instructif, que de suivre notre confrère dans les détails de ses recherches, le voir discuter le budget de son paysan et faire scrupuleusement la balance de ses dépenses et de ses recettes.

Vers la même époque, M. Orillard s'intéressait à un concours de tendances également pratiques, mais plus original et d'ailleurs bien plus frappant. Sur l'initiative d'un riche industriel, M. Barbier, il venait d'être créé un prix destiné à être distribué aux auteurs des meilleurs mémoires sur la fondation d'un collège international. Cette institution devait comprendre quatre établissements qui, situés en France, en Angleterre, en Allemagne et en Italie, donneraient un enseignement uniforme, conciliant pour les enfants qui s'y transporteraient successivement l'étude pratique des langues vivantes avec l'étude méthodique des lettres et des sciences. M. Orillard entreprend ce difficile travail et le conduit à bonne fin. Disons à cette occasion qu'évitant l'écueil du cosmopolitisme si naturellement placé à côté d'un sujet de ce genre, l'auteur s'y posait en patriote ardent et revendiquait généreusement pour la France le bénéfice de l'innovation projetée : « Quelle sera, dit-il, la nationalité de la nouvelle institution ? Sera-t-elle française ou régie par les conventions des traités diplomatiques qui établiront son existence ? Sous l'empire de ces nobles pensées et le cœur plein de ce sentiment d'orgueil national qui, en France, est un stimulant naturel et pour ainsi dire inné chez l'homme, je ne comprendrais pas qu'il s'élevât une seule voix pour me contredire lorsque je pose en principe que le collége international qu'il s'agit de fonder doit être une institution française, sous la haute administration du ministre de l'Instruction publique, représenté dans chacune des maisons d'Italie, d'Angleterre et d'Allemagne par un conseiller d'administration résidant. Ce conseiller devrait être de droit l'ambassadeur ou le consul français en résidence dans la ville où serait fondé l'établissement étranger du collége international. »

Je ne puis résister au désir de mentionner encore un des concours où fut lauréat notre regretté défunt. Un rentier, victime d'un accident trop fréquent, avait perdu un titre au porteur, qui représentait une importante partie de sa fortune. Pour prévenir le retour de pareils désastres, et aussi sans doute dans l'espoir d'obtenir quelque réparation, il avait mis à l'étude, par la voie de la presse, la question de la révision ou plutôt du complément de nos lois civiles sur les titres au porteur égarés, volés ou incendiés. M. Orillard, en compagnie de nombreux concurrents appartenant tous à l'administration ou au Barreau, répondit à l'appel du rentier. Dans un mémoire, il exposa la manière d'introduire une demande en délivrance de nouveaux titres, le mode à employer pour constituer les détenteurs des titres originaires en demeure de se présenter pour faire valoir leurs droits, les jugements des difficultés au cas de la représentation des titres originaires et la délivrance de nouveaux titres, quand les détenteurs ne se seraient pas présentés dans le délai de trois ans. Ce travail se terminait par un projet de loi représentant la substance des propositions développées. La commission instituée pour juger le concours partagea le premier prix entre M. Orillard et un avocat du

Midi. Cette fois, comme toujours, les efforts de notre confrère avaient été couronnés de succès.

Et maintenant, Messieurs, résumons tout ce que M. Orillard a su embrasser dans sa féconde carrière. Plaidoiries, consultations, justice administrative, recueil de lois, traité juridique, monographies des genres les plus variés, il a tout abordé et tout connu. Pendant les quarante et quelques années qu'a duré sa vie militante, pendant ce demi-siècle qui paraît si court à notre insouciance et à notre paresse, que de grandes et utiles choses il a trouvé le temps d'accomplir ! Bel exemple d'une vie qui s'écoula toute entière sous le drapeau du travail, modèle accompli pour tous ceux qui se destinent à la profession particulièrement laborieuse du Barreau !

Je vous annonçais, presque en commençant, que le mérite de M. Orillard avait été compris de tout le monde, de ses clients, de ses confrères et du pouvoir. Le 25 août 1869, ce ruban rouge de la croix de la Légion-d'Honneur, si respecté de tous ceux qui savent s'incliner devant les services rendus, vint se fixer sur la poitrine de ce digne vétéran de la magistrature administrative et de la barre. Si cet insigne doit être le privilége de tous ceux qui consacrent à la Patrie ou à la Société une existence féconde, nul plus que M. Orillard ne l'avait mérité.

Il survécut peu d'années à cet acte d'excellente justice, auquel nous avons entendu dire qu'a contribué l'un de nos anciens bâtonniers, alors investi des plus hautes fonctions; bientôt même, sous l'influence du mal qui minait ses vieux jours, il dut renoncer aux luttes du Palais. La maladie seule avait pu l'arracher à l'étude et triompher de ses habitudes laborieuses, quand, sur la fin de juillet dernier, la mort est venue nous le ravir. Nous l'avons perdu, Messieurs, mais il continuera de vivre dans la mémoire de ses confrères.

Pourquoi faut-il que ma funèbre mission ne se termine pas ici et que je n'aie pas la satisfaction de vous laisser sous l'impression de cette vie si complète ? Car, s'il est consolant, après avoir pleuré sur la tombe d'un confrère regretté, de songer qu'il y est descendu chargé d'années, d'honneurs et de travaux utiles, s'il est consolant de compter ses longs jours et de le voir se survivre à lui-même dans la personne d'un fils qui, digne héritier de sa situation et de ses talents, porte avec distinction un nom justement honoré dans la cité, je ne connais point de sentiment humain qui puisse adoucir les douleurs et les regrets, lorsque l'élu de la mort est un jeune homme, presque un adolescent, qu'un incompréhensible arrêt d'en haut a brisé dans son premier essor avec les espérances qui brillaient à l'entour de ses vingt ans.

Vous savez tous, Messieurs, à quelles circonstances particulièrement douloureuses et pénibles j'entends faire allusion ; vous vous rappelez tous cette cruelle soirée où vous rendiez les derniers devoirs de l'estime et de l'amitié à celui que les plus anciens s'enorgueillissaient d'avoir pour disciple, et que ses compagnons d'âge ou d'études considéraient presque comme un maître. Il vous souvient, j'en suis sûr, de la poignante émotion que certainement chacun de vous a ressentie lorsqu'au matin d'une journée d'été, le bruit se répandit par la ville que Fernand Boncenne n'était plus, Fernand Boncenne que tout récemment vous écoutiez avec une sorte d'admiration aux dernières conférences du stage, Fernand Boncenne, dont les succès au Palais et à l'École étaient si présents à la mémoire de ses amis et de ses juges, Fernand Boncenne que la veille encore tous avaient pu voir promener si allégrement ses quelques instants de récréation et de repos ! Ce malheur imprévu produisit dans la cité une longue sensation, ce fut comme une explosion de bruyante douleur, et ceux d'entre vous que retenaient alors au loin les loisirs des vacances en ont entendu au fond de leur cœur les funèbres échos.

Une existence venait de se terminer brusquement, une existence de vingt-quatre ans et sur laquelle comptaient à bon droit le Barreau et la Faculté. Cette existence, que pourrais-je vous en dire que vous ne sachiez déjà ? Je serai donc bref, Messieurs, bref comme la vie sur laquelle nous pleurons.

Les études juridiques de notre cher confrère avaient été hors ligne, je ne saurais les qualifier autrement. A l'École de droit, il jouissait d'une exceptionnelle notoriété ; on eût dit que le souffle du grand Boncenne, dont l'austère figure préside à nos leçons, eût communiqué au jeune élève quelque chose des admirables qualités du savant professeur. Peu d'étudiants, sur les bancs de l'École, ont montré d'aussi heureuses dispositions et d'aussi réelles aptitudes pour la science des lois. Esprit singulièrement précis et correct, intelligence supérieure, mémoire facile et par-dessus tout, jugement sûr et droit, rien ne manquait à Fernand Boncenne pour réaliser le type du légiste bien doué. Sa nature d'élite était encore puissamment servie par une excellente préparation ; avant de s'inscrire pour la fréquentation des cours, il avait pris soin de nourrir sa première jeunesse de bonnes études pratiques qui aiguisèrent à propos sa curiosité des théories légales et l'aidèrent par la suite à en comprendre tout l'intérêt. Dans ces conditions, il aborda sous les plus favorables auspices le programme universitaire ; il s'y donna tout entier et conçut bientôt pour la science du droit quelque chose comme de la passion. Ses maîtres devinèrent aussitôt le mérite de leur élève. Jamais il ne connut d'autre note que le très-bien ; chacune de ses épreuves sans exception lui fut une occasion d'éloges. Pendant ses trois années de licence, il obtint les premières médailles des trois concours de la Faculté ; dans sa dernière année, il mérita même une troisième mention au concours général entre toutes les Facultés de droit ; enfin il arriva au grade de licencié avec le rare privilége de n'avoir point faibli dans ses divers examens et de s'être constamment maintenu au maximum des notes.

Le 3 novembre 1875, Fernand Boncenne prêta le serment

d'avocat et se fit inscrire au stage du Barreau de Poitiers. Ses débuts à la barre furent dignes de ses succès universitaires. Déjà il s'était révélé dans les séances de cette profitable institution qui s'appelle la Société dikazologique, à l'école de laquelle se sont formés de si généreux talents et qui, presque aussi vieille que le siècle, demeure toujours le rendez-vous des étudiants laborieux. Sur le vrai théâtre des luttes juridiques, au Palais, il montra le tempérament et la diction qui font les orateurs. Mais c'était dans les conférences hebdomadaires qu'il mettait à jour toutes les richesses de ses heureuses dispositions. M. le Bâtonnier, dans les paroles émues qu'il a laissé tomber sur son cercueil (1), vous a rappelé ce discours si remarquable et je puis bien dire si remarqué où, prenant à partie les agences matrimoniales, il exposait sur l'institution du mariage les considérations les plus pures, dans le langage le plus noble, et où, dominant la question juridique de toute la hauteur qui sépare la morale du droit positif, il s'élevait dans un sublime élan jusqu'à la véritable éloquence : celle qui, suivant la définition des vieux maîtres, est l'irrésistible inspiration de la vertu. Si la rigoureuse répartition des travaux entre tous les stagiaires ne l'avait si rarement conduit au banc des orateurs, que de monuments de ce genre nous pourrions citer ! Il n'est pas jusqu'à ses simples votes motivés sur chacune des controverses choisies où Fernand Boncenne ne se soit constamment distingué tant par sa facilité d'élocution que par la profondeur de sa science et la sûreté de son jeune esprit.

Tout en fréquentant les audiences, en recherchant même les occasions d'y prendre une part active et en suivant assidûment les exercices du stage, il poursuivait le cours de ses études et se préparait au grade de docteur. Le 15 janvier 1876 il subit son premier examen de doctorat,

(1) Reproduites dans tous les journaux de Poitiers du mercredi 9 août 1876.

comme tous ses précédents, avec blanches et éloges ; le 19 juillet dernier, il passe le second avec un succès si brillant qu'il éclipse tous ceux par lesquels il s'était déjà fait connaître. Pour être docteur en droit, il ne lui manquait plus que l'épreuve de la thèse et tous comptaient pour ce moment sur un de ces travaux de choix qui restent dans les bibliothèques, et ajoutent quelque chose à la science. Dans le monde des professeurs, des étudiants et des jeunes avocats, la réputation de Fernand Boncenne était grande ; neuf mois de stage avaient suffi à révéler son mérite aux magistrats des différentes juridictions qui l'écoutaient avec plaisir et savaient déjà ce qu'il était. La studieuse jeunesse de la société dikazologique, à laquelle le rattachaient des amitiés durables, l'avait choisi pour la présider. Et qui donc en eût été plus digne ? A vingt-quatre ans, il était presque un jurisconsulte. Lorsque prirent fin les années judiciaire et scolaire, rien ne manquait donc à l'excellence de sa situation ; après les amertumes de la lutte, il allait goûter les charmes de la victoire.

Mais qui peut se flatter, au printemps, de cueillir les moissons de l'été ? La roche Tarpéienne est proche du Capitole, disaient les anciens, ou, suivant la parole d'un moraliste chrétien à laquelle je préfère m'en tenir, la Providence réserve souvent ses coups les plus sensibles aux âmes d'élite qui réclament plus particulièrement son attention. A quelques jours de ses plus beaux triomphes, choisi un soir par un foudroyant caprice de la mort, Fernand Boncenne s'endormait sans espoir de réveil. Qui de nous, mes chers confrères du stage, lorsque, dans cette même enceinte on nous apprenait que, secrétaire de la conférence pour 1877, il inaugurerait la reprise de nos travaux par un éloge funèbre, qui de nous se doutait alors que le soleil de l'année nouvelle ne se lèverait point pour lui ? Il avait semé avec une si généreuse ardeur ; pourquoi donc n'a-t-il pas récolté ? C'est le secret d'en haut. Ici-bas, où nous ne pouvons le comprendre, il s'en faut peu que nos larmes ne dégénèrent en coupables murmures.

Mourir à vingt-quatre ans, quand l'horizon est tout empourpré des lueurs de la plus radieuse espérance, quelle désolante conséquence de la fragilité humaine ! Aussi que d'enseignements jaillissaient de ce cercueil où reposait, au soir prématuré d'une trop courte carrière, dans le linceul de ses succès et de ses espérances, le lauréat d'hier, et le professeur de demain ! C'était en action un éloquent rappel de cette vérité qu'il est insensé de compter sur les talents, sur la santé, sur la jeunesse, et que le souverain dispensateur de ces dons les retire quand il lui plaît, au mépris de nos calculs et de nos prévisions. Mais c'était aussi la mémoire à recueillir d'une vie tout entière de travail, c'était un modèle à se proposer d'étudiant et de stagiaire, c'était un exemple à suivre pour tous ceux qui veulent s'élever à l'intelligence des lois. Vous, mes confrères du stage, qui avez plus spécialement connu et plus intimement affectionné Fernand Boncenne, vous ne perdrez pas, j'en suis sûr, les enseignements qui vous ont été offerts par ce grand jour de deuil, vous les conserverez comme de précieuses reliques au plus profond de vos cœurs, vous concentrerez quelquefois vos souvenirs sur le cher défunt que vous continuerez d'aimer, et vous proposerez à vos efforts sa généreuse imitation.

Poitiers. — Imp. de A. DUPRÉ.

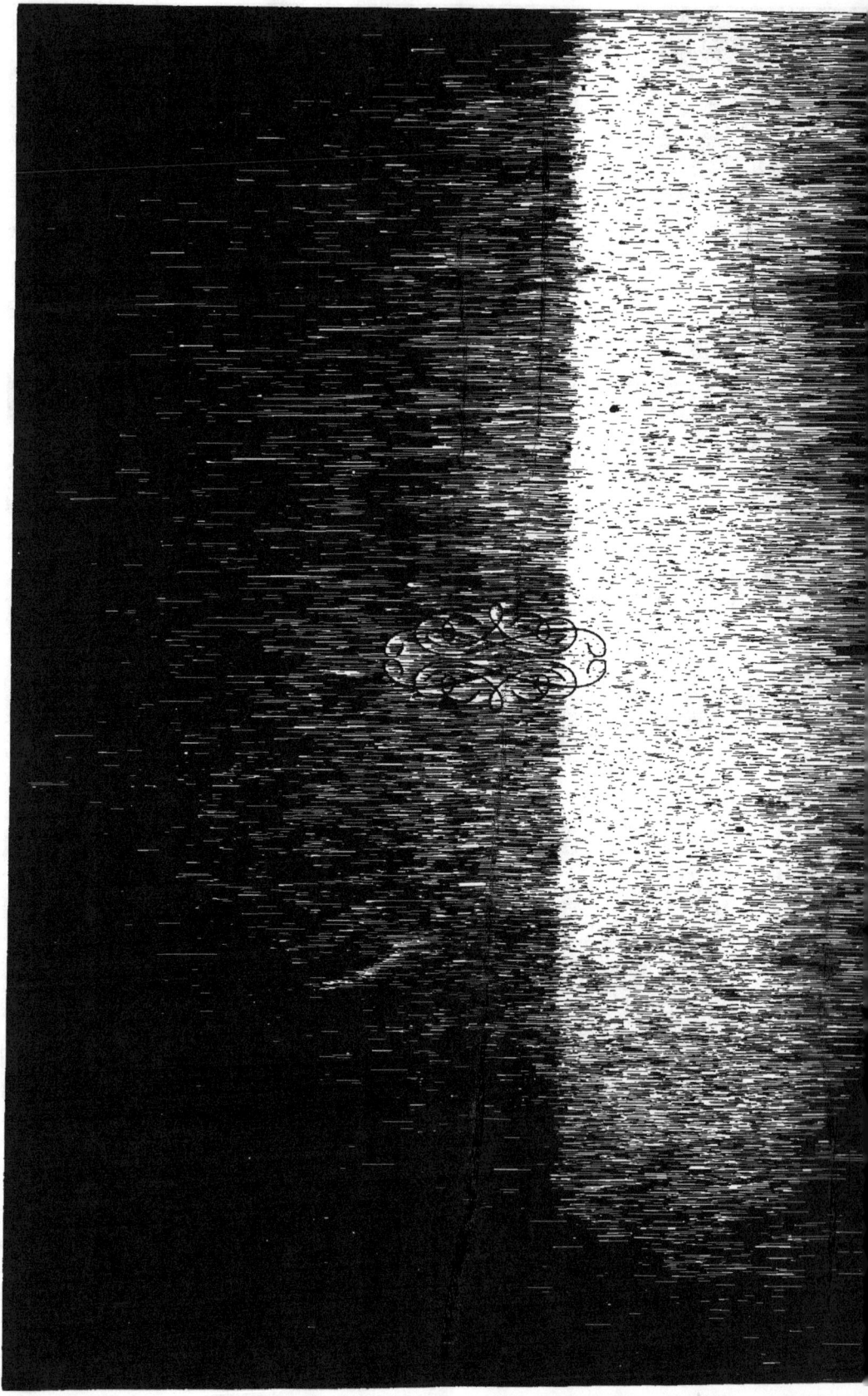

www.ingramcontent.com/pod-product-compliance
Lightning Source LLC
Chambersburg PA
CBHW060727050426
42451CB00010B/1669